우주의 한 마을이 불타고 있다
— 산불

우주의 한 마을이 불타고 있다
– 산불

윤은한 시집

창연

| 시인의 말 |

 한 편의 시를 쓰기 위해 불길 앞에 섰습니다. 산불은 순식간에 숲을 삼켰고 수많은 생명이 그 속에서 사라졌습니다. 자연이 빚어낸 결은 검붉은 재로 바뀌었고 초록을 잃은 산림은 야생의 숨결조차 사라진 검은 사막이 되었습니다. 모든 것이 타버린 그 자리에서, 삶을 이야기해야 한다는 소명을 갖게 합니다.

 이제 산불은 낯선 재난이 아닙니다. 그것은 우리만의 아픔이 아니라 지구촌 곳곳에서 되풀이되는 비극입니다. 미국과 칠레의 산촌, 터키와 그리스의 해안 숲도 잿더미로 변했습니다. 이는 단순한 재해를 넘어선 기후 위기의 실체이며 생태계가 무너지는 현장입니다.

 불탄 숲에 어린나무가 다시 자라는데 30년, 황폐해진 땅이 제 향기를 되찾는 데는 100년이 걸린다고 합니다. 그만큼 상처는 쉽게 치유되지 않을 것입니다.

 문학은 현실을 외면하지 않습니다. 고통의 자리를 돌아보며, 지켜야 할 가치를 기록합니다. 이 글은 산불의 기록이자 상처 입은 생명에 바치는 작은 위로입니다. 믿음으로 숲을 걸었고, 타버린 자리에 싹이 트기를 바라는 마음으로 시를 써 내려갔습니다.

  산불이 생태계 순환의 일부로 생물 다양성에 기여한다고 말하는 이들도 있습니다. 그러나 초대형 산불 앞에서는 자연의 질서마저 무너뜨리고 있습니다. 도시화가 가속화되면서 숲은 점점 더 관리되지 않은 밀림으로 변해가고, 이는 인간이 감당하기 어려운 재앙으로 번지고 있습니다. 지금 필요한 것은 예방의 지혜이며, 숲을 지키기 위한 실천입니다.

  인간은 자연의 일부이며, 우주의 미래에 책임 있는 존재입니다. 이 작은 목소리가 경각심을 일으키고, 생명을 지키려는 다짐으로 이어지기를 바랍니다. 숲을 지키는 일은 거창한 행동이 아니라, 한 사람 한 사람의 조용한 결심에서 시작됩니다.
  지금, 나는 무엇을 할 수 있을까요?

2025년 여름의 초입에
윤은한

| 차례 |

시인의 말 • 04

제1부

물건리 방조 어부림 • 13
불을 지른 자는 안갯속이다 • 14
산불 진화대원의 사투 • 16
산불을 끄는 사람은 누구인가요? • 17
우주의 한 마을이 불타고 있다 • 18
감나무 • 20
초록의 고사리 새순 • 21
대나무의 울부짖음 • 22
붉나무 • 23
산불감시원의 하루 • 24
봉수대 첫날밤 • 26
우듬지 시계는 멈췄다 • 28
바람에 흔들리는 나무 • 30

제2부

아버지는 민둥산에 나무를 심었다 • 33
수양버드나무 • 34
소나무의 임종 • 36
곡돌사신曲突徒薪 • 38
산불 조사 감식 • 40
계수나무 • 41
모닥불의 유혹 • 42
산불진화대원 안전수칙 • 44
산불 감시 초소 • 46
꺼지지 않는 원죄 • 48
불이 죽어서 잠을 깼다 • 49
옻나무 • 50
성산산성 • 52

제3부

굴참나무 • 55
잿더미의 기억 • 56
프로메테우스와 불 • 58
묘소 앞에서 • 60
성황당 소나무 • 61
무등산이 의병장에게 보내는 편지 • 62
코시모 숲속의 화재 • 64
가을비 내리는 라만차 • 66
지리산 멧돼지 • 67
천왕봉 산불 • 68
반성 수목원 • 70
공중진화대원 • 74
원룸 • 76

제4부

동백나무 상륙작전 • 79
불새의 탄생 • 80
엄나무 • 82
폭설에 쓰러진 소나무 • 84
그해 겨울, 땅이 먼저 죽었다 • 85
엄마는 비상벨 • 86
입산통제구역 • 88
소나무가 사라지고 있다 • 90
못생긴 나무가 산을 지킨다 • 91
잠든 코알라 • 92
산불방지 기원문 • 94

시집 해설_불의 시학과 생명의 윤리 • 96
— **임창연**(시인·문학평론가)

* 본문 페이지에서 한 연이 첫 번째 행에서 시작될 때에는 <표기를 합니다.

제1부

물건리 방조 어부림*

노거수 초록 아래 바다는 잔잔하다
은빛 햇살 받으며 누워있는 고깃배
새들의 노랫소리에 시간을 거슬러 오른다

바람길 따라 휘어진 나무들 속에
부러지고 침몰된 삶의 애환이 녹아있네
보리수와 동백나무는 은빛 바람결에 흔들린다

갈색으로 물든 손바닥
푸조나무를 만지면 바닷바람의 시간들이
고목의 심장 속으로 화석처럼 스며든다

태풍에 방황하는 고기떼
어머니 품속 같은 물건리로 모여들고
상록수와 활엽수의 숲들이 지붕을 짓고 있다

어부림의 생을 다한 늙은 아버지
검게 탄 가슴으로 바람의 길을 만들고
방조림은 상형문자를 새겨 망부목이 되었다

*남해군 삼동면 물건리에 천연기념물 제150호로 지정된 천년의 숲

불을 지른 자는 안갯속이다*

중턱을 뒤덮은
먹장구름 같은 연기
그 순간 심장은 쿵덕쿵덕
이유도 모른 채 불붙기 시작했다

시뻘건 혀를 날름이며
급한 비탈의 솔숲을
탐욕스레 핥는 불길
성큼성큼 산마루를 향해 달려간다

죽음의 현장에
낯선 구경꾼들이
어깨를 나란히 하며 모여든다

산불이 난 숲에서
방화라는 운명에 끌려든
짙은 안갯속이다
산에 불을 지르는 일이
무엇이 그리 감동적인가

방화범이 마을을 떠나도

건조한 바람 속에
불씨는 잠들지 않는다

사나운 불길 속에서
화염을 통과해야 했던
가엾은 생명이
무사히 빠져나오기를 기도한다

*윤흥길 『산불』(21세기문학상 대상)에서 따옴. 도서출판 이수(2000년)

산불 진화대원의 사투

지옥 같은 시간
흩날리는 불씨
솟아오르는 불기둥
숨 막히는 열기 속
그들은 불의 최전선에 섰다

호스를 짊어지고 오르는 산길
타오르는 불길 속에
넋은 빠져나가고
차가운 밤, 졸음조차 적이다

미쳐 날뛰는 바람
앞을 막는 검은 연기
입을 벌린 화마 속에서
마른 울음을 삼키며
그들은 물을 뿌린다

찰나의 순간
삶과 죽음의 경계에서
그들은 산불과 맞선다

산불을 끄는 사람은 누구인가요?

어린아이가
질문을 한다
"선생님
산불은 누가 꺼요?"

선생님이 말씀하신다
소방관이
소방차가
공무원과 군인들이
헬리콥터가 끈다고

하지만
산불 속으로
걸어 들어간
산불진화대원은

타오르는 불길 속에
이름도
숨소리도
묻혀버렸다

우주의 한 마을이 불타고 있다*

그날의 산불은 괴물이었다
돌풍이 미쳐 날뛰던 시간
살다 살다 그런 불은 처음이었다

바람이 너무 세어
불이 하늘을 타고 날았다
모든 것이 폭삭, 재가 되고
속절없이 무너졌다

매캐한 연기가 마을을 덮고
골바람을 타고 불길이 솟구쳤다
휘발유에 불붙듯
맹렬하게 번져갔다

돌풍이 몰아치자
우리는 산불 속에 갇혔다
머리통만 한 불덩어리가 날아다녔다
바람이 스친 자리엔
아무것도 남지 않았다

불은 대나무 숲으로

마을 깊숙이 옮겨붙었다
캄캄한 어둠 속
살기 위해 뛰었다

숟가락 하나도 챙기지 못했다
남은 건 오로지 참담함

산불은 괴물이었다

*미국 시인, 게리 스나이더(Gary Snyder)의 시 인용

감나무

하늘에서 내려다본
할머니의 봄은
노란 융단으로 펼쳐졌네
땅속의 온기에 깨어난
숨었던 꽃눈들

아침 햇살이
감나무잎들 사이에서
안개처럼 스며든다

풀숲에 내려앉은 감꽃은
거친 손길에 젖어
고요히 눈을 감는다

기억의 숲
싸리문 지나는 길
하얀 목걸이 하나
노랗게 물든다

거울 속 투박한 얼굴
환하게 웃으며 손을 흔든다

초록의 고사리 새순

악마의 불이
휩쓸고 간 자리
숯검정으로 뒤덮인 숲
익숙한 모든 것이 사라졌다

집 잃은 새들은
검은 하늘을 떼 지어 맴돌고
그을린 계곡에 앉으니
환청처럼 물소리 흐른다

돌 위에 다람쥐 한 마리
먹이를 찾는 것 같다

죽음의 땅에서
초록의 고사리 새순이
푸른 얼굴을 내민다

대나무의 울부짖음

하늘 향해 곧은 시선
푸른 숨결 멈춘 적 없었다
마디마디 바른 소리
곧게 맺혀 있었지

불길이 덮쳐오자
쩍쩍 갈라지며 울부짖는다
그을린 몸은
열기에 꺾여 고꾸라진다

타들어가는 순간에도
대지는 여전히 침묵했고

재가 된 대숲을 지나며
쉽사리 발걸음을 떼지 못한다
꽃을 한 번 피우기도 전에
삶을 마쳐야 하는가

붉나무

어둠이 내려앉은 마당
박쥐가 하늘을 영접한다
사랑방 인기척에
가슴은 콩닥콩닥
귀는 점점 커진다

장마가 지난 냇가에서
부르튼 손으로 자갈을 모았다
한 리어카에 보리쌀 한 말
두 리어카엔 빨간 책가방
흰 옷깃, 검은 교복
학교 운동장이 아롱거린다

품삯을 사랑방 손님에게 건네고
아버지는 달 없는 밤
말없이 떠나셨다
눈물방울이 여울로 스며든다

기약 없는 기다림에
마당은
붉게 붉게 물들고 있다

산불감시원의 하루

오늘 하루도
푸른 산에서 시작된다

입산통제구역,
낯선 발자국은 없는가
바위틈에 촛불 켜고
굿을 하는 무당은 없는가

산 깊숙이
불씨를 피워 고기를 굽는
행락객은 없는지
불이 자주 일어났던 자락
연기가 피어오르지는 않는지

풍등을 날리는 이는 없는가
불장난을 즐기는 아이는 없는가
조상 묘를 옮기는 손길,
그 곁에 번지는 불씨는 없는가

산 가까이
금지된 태움을 하는 이가 없는가

<
오늘도 산을 지킨다

작은 불씨 하나
익숙한 것을 잿더미로 만든다

봉수대 첫날밤

평화로운 아침
신혼살림 작은 트럭에 싣고
덜컹거리는 길 위로 나선다
호랑나비 한 마리 노랫소리 날아든다

단칸방에 짐 풀고
아궁이에 첫 연탄불 지폈다
오늘은 첫날
활활 타오르는 밤을 그리며
사무실로 발길 옮겼다

해 질 무렵
근무를 마치려는데
전화벨이 크게 울렸다
수화기 너머
봉수대에 산불 출동 명령

밤새도록 활활 타올랐다
손과 얼굴은 숯검댕이가 되고
새벽이 되어서야 불은 꺼졌다

<
첫날밤은 봉수대에서 보내고
아침에 집 대문을 열었다
아내는 말없이
아침상을 차리고 있었다

다짐한다
활활 타오르는 밤은
무조건 잠재우리라

우듬지 시계는 멈췄다

이른 아침
새소리는 들리지 않는다

딱따구리
우듬지 시계는 멈췄다

산토끼는
다시 걸을 수 없을 것이다

불길에 그을린 노루는
미라처럼 굳은 채
검은 숲에 누워 있고

풍선처럼 부풀어 오른 염소는
쓰러진 채
숨을 멈췄다

소는 충격에 휩싸여
헛발질하며
빙글빙글 맴돌 뿐이다

<
주인은
밤새 잠을 이루지 못하고
몇 번이고
몸을 뒤척였다

바람에 흔들리는 나무

어린나무 심고
지주를 세웠다

바람 불어오자
단단히 묶어 주었지

나무는 자라
키가 커졌고
지주를 풀었다

어느 날
거센 바람이 불자
툭,
부러지고 말았다

바람 부는 날은
어린나무와 함께
춤을 추어야 할까

제2부

아버지는 민둥산에 나무를 심었다

나무 한 그루 없던 산
비 오면 흙이 쓸려 내려가던 곳
소나무, 전나무, 잣나무, 편백
어린 묘목들 지게에 얹고
굽이굽이 오솔길, 비탈길을 오르셨네

손이 부르트도록 흙을 고르고
날마다 물지게로
한 그루, 한 그루 정성껏 물을 주셨다

젓가락으로 송충이 잡아 흙 깊이 묻고
어린나무 칡넝쿨이 덮을 땐
낫으로 거칠게 걷어내며 지켜냈다

무거운 비료 포대 어깨에 메고
숨이 턱에 차오르도록 산을 오르던 아버지
깊은 정성의 세월이 흐르고 흘러
이제 푸른 숲, 아버지의 숨결이 되었다

수양버드나무

오래전 추억처럼
멀어져 간 버들 길

울리는 전화벨 소리와 함께
되살아난 잊었던 목소리
"오빠! 숙이예요"

가지 꺾어 피리 불면
여름날 도랑 옆
개구리 튀어 오르던 그 여름날

함께 걷던 버들 길
부는 바람에
함께 흔들리던 우리 마음

길 걷다
발 아파 오면
도랑 흐르는 물에
담갔던 아픈 발가락의 기억

소설가 시인을 꿈꾸던 시절

버드나무 마른 뿌리에
숨겨진 시간들
뿌리에 물이 차오르면 되살아날까

"수양버드나무 아래로 가고 있어요"
강둑에서 다시 만나면
흔들리지 않는 큰 나무가 될까

소나무의 임종

남산 위
지조와 절개의 상징

서릿발에도 굽히지 않던
도연명의 분신
지리산 벼랑 끝, 꺾이지 않던
중산리의 늠름한 선비

벽송사 푸른 기상 머금은
수직의 고요
총탄과 박해를 이겨낸
성황당의 묵언 수행자

그러나 불길 앞에서
그 의연함은
천덕꾸러기가 되었고
재앙의 불쏘시개가 되었다

곧은 충정
이제는 죄가 되어
뿌리째 뽑혀 나가는 운명

<
이제는
붙잡지 말고,
조용히 놓아주어야 한다

곡돌사신 曲突徙薪

굴뚝 아래
장작더미를 쌓아두는 일
산불은 불씨보다
사람의 무심함에서 시작된다

봄바람 부는 날이면
마당 풀더미에
불씨 하나 스며든다

장작불로 타들어 갈
나무들은 가까이 있고
타오를 준비가 되어 있다

타오르는 건
나무만이 아니었네
집과 삶의 추억
숲에서 노래하던 생명들까지

이제,
불길이 치솟지 않도록
굴뚝은 꼬불꼬불 꺾어야 하고

장작더미와 마른풀은
마당 끝으로 옮겨야 한다

산불 조사 감식

산불이 꺼지면
검은 숲으로 들어선다
연기와 그을음
불 냄새 속에서
조사 감식이 시작된다

왜 불이 났는가
누가 불을 놓았을까
얼마나 태웠는가

신중하게,
더 신중하게
예단하지 마라

일을 마치고
산 아래로 내려오는 길

숯덩이 사이에
연초록 작은 생명이
얼굴을 내밀고 있었다

계수나무

숲속을 걷다 지쳐 주저앉았다
일어나기 싫어 누웠는데
낮달이 다가와 깊은 잠을 깨운다

몸이 무거워 옷고름을 열어보니
갈비뼈 사이에 떠오른 달그림자
주홍 글씨처럼 지울 수 없는 흔적이다

숲에서 하트를 만드는 계수^{桂樹}가
절구통에서 솜사탕을 빚어낸다
그대와 함께 녹아드는 달빛이 되고 싶다

모닥불의 유혹

바닷가로 떠나는 휴가
윤슬은 눈부시고
출렁이는 파도 소리에
지친 몸을 기대어 본다

해수욕장 소나무 숲은
바람 따라 일렁이며
피톤치드 향을 뿜어내고
그늘 아래 모래는 따뜻하다

해 질 무렵
모닥불을 피우고
숲속에서 고기를 구워 먹었다

일출을 바라보며
아무 일도 없는 듯
휴가를 마치고 돌아갔다

여름이 저물 무렵
불을 피운 해수욕장 소나무들이
갈색으로 시들며 하나둘 쓰러졌다

<
쥐라기 공원의 공룡처럼
수십 년 수백 년 잠들어 있던
붉은 곰팡이가 눈을 떴다

바닷가 언덕의
소나무들이
말없이 사라져 가고 있다

산불진화대원 안전수칙

기상상태와 예보를 주시하라
연료상태 및 지형을 확인하고
산불의 동태를 항상 주시하라
산불의 동태를 토대로
모든 조치를 취하라
비상 대피로를 확보하고
모든 대원들에게 알려라
위험지역에 감시자를 급파하라

방심하지 말고
침착 차분하게 판단하여 행동하라
무선통신을 확인하라
명확한 지시를 내려라
항상 인원통제를 유지하라
불을 진화할 때에는
적극적으로 진화하되
안전을 최우선으로 한다

산불을 끄면서
이 모든 수칙을 지키는 일조차
버겁다

<
그런데도
안전도 생명도
결국
개인이 견디어 내야 한다는 뜻인가

산불 감시 초소

아침
도시락을 싸 들고
잠연히 산으로 오른다

옷과 모자는 단정히
신문이나 스마트폰은 멀리
술과 담배를 금한다

자리를 비울 수 없고
산불을 발견하면
지체 없이 보고한다

무전기로
초소별 호출이 시작된다

지리산 1호
황매산 2호
여항산 3호

산토끼 1호
고라니 2호

멧돼지 3호

이상 없음이 확인되면
기나긴 침묵 속 근무가 시작된다

아무도 오지 않는 이곳,
절대 고독

꺼지지 않는 원죄

바람이 능선을 따라
붉게 몰아친다

아비규환이다
불길보다 느린 발자국
죽음의 연기 속에 갇혔다

알을 품은 새
새끼를 밴 짐승
터지지 못한 꽃망울
태어나기도 전에
숯이 되어 사라졌다

남은 건
잿더미와
검게 타버린 생명들

불길이 지워버린
생명의 마지막 흔적

불이 죽어서 잠을 깼다

발바닥이 시리다
머리카락은 쭈뼛쭈뼛
뒤숭숭한 꿈자리 떨치며
눈을 떴을 때
피워놓은 불씨는 꺼져 있었다

오줌보 짧은 할머니
밤늦게 화장실을 가시다
연탄가스 배어든 문을 열고
아궁이 불을 살려놓고 가셨다

어제는
산에 다녀온다며
라면 한 봉지와 계란을 주셨다

비좁은 마음 조금만 넓혀
삶과 죽음이 함께 숨 쉬는
마지막 나팔을
불어보고 싶다

옻나무

뒤뜰
새 한 마리 앉아
검은 열매를 쪼아 먹는다

하얀 얼굴에
깃털은 검은데 누구일까

알고 앉았을까
모르고 따먹는지
뱃속에 들어가면
어떤 색으로 물들까

바람 불던 봄날
새싹 훔쳐 먹고
달빛과 입맞춤했다

온몸에 붉은 잎 솟아올라
지금도 노을로 번져가네

내일은 어떤 빛으로
이곳에 앉을까

검은 열매와 붉은 잎 사이
거짓 사랑이
은밀히 피어난다

성산산성*

말이산을 지나 무진정으로 달리는 말발굽 소리
민초들은 성벽 위를 걸으며 평화를 기원했다
힘없는 아집과 무관심으로 풀숲에 무너진 성터
아라홍련의 불꽃으로 금라金羅의 성벽을 세우자

*함안군 사적 제67호, 700년 된 고려시대 연꽃 씨앗이 발견되었던 곳

제3부

굴참나무

울퉁불퉁한 껍질의 무늬는
점자의 언어
화석의 언어
곤충이 지나간 발자국

그 아래,
켜켜이 쌓인 나이테 속엔
숱한 이야기들이 잠들어 있다

거북 등처럼 갈라진 틈 사이
부드러운 바람 스며들어
층층이 쌓인 문장들은
회색빛 화석으로 피어난다

오랜 세월 머금은
와인 코르크처럼
깊은 포도향을 남긴 채
그 향이 나이테 속으로 젖어 든다

잿더미의 기억

나지막한 곳에 피어오른 불씨
처음엔 고요했지만
거센 바람을 등에 업은 불꽃은
하늘을 가리고 태양을 삼키며
모든 것을 잿더미로 바꾸었다

악마의 불길은
나무와 풀, 흙까지 집어삼키고
화마 속으로 사라진
수많은 곤충과 짐승들

그을린 숲 어디엔가
위로받지 못한 영혼들이 떠돌고
남은 자들은
새로운 싹 돋아날 자리에서
두 손을 모아 기도를 올린다

산불은 꺼졌지만,
가슴속에 심어진 불씨는
지금도 타오르네
재가 된 숲속에서

검은 기억이 덧쌓여 간다

프로메테우스와 불

제우스 신은
하늘 깊숙이 불을 숨겨두었다
신만이 다룰 수 있고
인간은 만질 수 없는 빛이었다

프로메테우스는
신을 닮은 인간을 보았다
만물의 영장이 될 수 있는
위대한 선물을 주고 싶었다

여신 아테나의 도움을 받아
태양의 수레 올라
붉은 불씨 하나를 훔쳐
인간에게 건네주었다

삶을 바꾸는 시작이었다
도구를 만들고 땅을 갈아
문명을 일구었으니
동물보다 월등한 존재가 되었다

제우스 신은 염려했다

불은 따뜻하지만
그만큼 위험하다는 것을

인간이 불을 사용하면서
불치병이 피어올랐다

그것은 "교만이었다"

묘소 앞에서

갑작스레 번진 불길은
조상의 묘를 새까맣게 태웠다
반질거리던 비석마저
검게 그을려, 얼굴을 알 수 없었다

조상을 뵐 면목 없어
고개를 들 수가 없다
납덩이같은 마음이
가슴을 짓눌렀고
씁쓸함만 가득 채웠다

볏짚을 작두에 썰며
묘 앞에 몸을 낮추었다
타버린 흙 위에 볏짚을 뿌리고
맑은 술 한잔 올린 뒤
두 번의 절을 올렸다

잔디를 살리기 위해
묘지 위에 새 흙을 덮는다

성황당 소나무

할머니를 닮은 소나무
송진 채취 칼자국과
총탄 자국에도 살아남았지

그 넓은 가슴에 안기면
달빛이 온몸을 감싸
어머니 품처럼 따뜻했네

재선충에 쓰러진 고목
붉게 물든 솔잎
하얀 톱밥을 토해내며
밀랍처럼 서서히 스러졌다

톱날로 나이테를 잘라내니
주춧돌 같은 나뭇등걸에
눈물이 맺혔는지 축축하다

무등산이 의병장에게 보내는 편지

차가운 바람 스치는 봄날
서석대 높이 올라
김덕령 장군을 불러봅니다

임진왜란 고통스러운 시절
고향의 그리움은 접어두고
분노는 산을 태웠지요

"춘산春山에 불이 나니 못다 핀 꽃 다 붙는다
저 산 저 불은 끌 물이나 있거니와
이 몸에 연기 없는 불은 끌 물 없어 하노라"*

억울함이 밀려와도
검게 타버린 숲속에서
참나무는 여전히 숨을 쉬고
진달래 꽃눈은 봄을 기다립니다

장군님
무등산은 꿋꿋하게 잘 살고 있으니
아까시꽃이 피면
목말을 타듯 슬쩍 내려오세요

<
충장로에서 막걸리 한잔 기울이며
뜨거운 눈물 한번 흘려봅시다

*의병장 김덕령(1567~1596) 장군의 시조 춘산곡(春山曲)

코시모 숲속의 화재*

불타는 숲
검은 연기 치솟으며
악마의 얼굴처럼 드리운다

새들은 둥지를 잃고
그을린 독수리는 길을 헤맨다
목동은 소 떼 몰아 멀어지고
사자는 공포에 짓눌려 쓰러진다

곰은 그을린 새끼를
연기 속에서 감싸안는다
돼지 두 마리 숲을 벗어나는데
한 마리는 검은 돼지
또 한 마리는 사람 얼굴이다

독수리를 올려다보는
사슴의 눈에는
낯선 자의 시선이 깃들어 있다

이 땅에 어울리지 않는 듯
두려움에 일그러진 얼굴들

미노타우로스의 미궁 속
어둠으로 숨어야 할 존재

*피에로 디 코시모(Piero di cosimo, 1462~1522), 1505년 작품(유채)

가을비 내리는 라만차

촉촉한 붉은 대지 위로
양철 지붕을 두드리는 빗소리

콘수에그라 풍차가 돌아가는 곳
돈키호테와 산초 판사가
빗속을 뚫고 걸어 들어온다

낡은 객줏집에 마주 앉아
고뇌와 탄식마저 녹아든
세월이 담긴 음식을 맛본다

맥주보다는
막걸리가 어울리는 저녁
헤밍웨이가 사랑했던
소금에 절인 대구를 안주 삼아
돈키호테와 술잔을 기울인다

세르반테스의 그림자는
안개 자욱한 올리브산을 넘어
둘시네아를 찾아 헤맨다

지리산 멧돼지

막다른 계곡
올가미에 묶인 채 길을 잃었다

살을 파고드는 상처
피 냄새에 질식하는 숨결
계곡을 찢으며 터져 나오는 울부짖음

총성, 그리고 올가미
그것들은 멧돼지의 야성을 끊어냈고
철제 문이 닫히자
사육장은 감옥이 되었다

발버둥 쳤다
육면체의 벽들은
자유 대신 절멸을 안겨 주었다

천왕봉 산불*

산으로 둘러싸인 마을
길 아래 최씨네 초가집
마당 한복판, 동네 아낙네들
뒷산에선 까마귀 우는 소리가 요란하다

천왕봉에 숨어든 적들을
모조리 없애버리기 위해
아군이든 적군이든
산에 불을 놓는다는 소문이다

이데올로기 그늘 아래
본능적 욕망은
비극으로 치닫고
삶과 사랑의 갈증은 깊어진다

숲은 불길에 휩싸이고
하늘은 피보다 더 붉게 탄다

우리는 살아 있고
살아나가야 한다
산불이 모든 것을

태울 수는 없는 것이다

*차범석 희곡 『산불』에서 따옴. 범우 희곡선(2017년)

반성 수목원

반성에는
일반성과 이반성이 있다
세 번 반성하고 들어가는 곳

봄이 왔다
수목원에 들어서니
생강나무와 산수유가
노란 옷을 입고
반갑게 인사를 한다

개나리 울타리 옆
꽃잔디가 분홍 카펫을 깔고
홍가시나무 위로
아침 햇살이 붉게 번진다

수선화는
노란 얼굴로 손짓하고
함박꽃은 새색시처럼
수줍게 얼굴을 내민다

여름이 뒤따라온다

<
별을 닮은 꽃댕강은
달콤하고 짙은 향기를 퍼뜨리며
옥잠화는 청초한 꽃잎으로
코끝을 감싼다

연보랏빛 맥문둥 물결 사이
수줍은 바람이
파도를 가르며 스친다
아까시나무는 햇빛을 껴안은 채
꽃잎을 가지마다 소복이 달고 있다

개울 위,
검은물잠자리는 바람을 타고 비행하고
소금쟁이는 물 위에 길을 낸다
연못 위엔 노랑어리연꽃이 떠 있다

보랏빛 매발톱꽃은
매가 없는 언덕에서 피어나고
배롱나무는 긴 여름을
백 일 동안 꽃으로 견뎌낸다

<
노란 장미, 붉은 장미는
진한 향기로
발걸음을 붙잡는다

느티나무 터널을 지나면
허물 벗은 매미가
울창한 숲을 노래한다

가을이다

어둠이 깔린 메타세쿼이아 숲
카메라 앵글 속에
별빛이 쏟아진다

계수나무는
노랗게 물들어
솜사탕 향기로
코끝을 간질인다

다람쥐는 도토리를 숨기고

까마귀는
지난밤의 흔적을 지운다
낙엽을 밟으며
추억의 발자국이 불려 나온다

은행잎은 노랗게,
복자기잎은 붉게 물들며
무지개 사랑을 그려본다

겨울의 문이 열렸다

손길이 닿자
나무들은 마지막 옷깃을 떨군다

대왕참나무는
겨울에도 잎을 내려놓지 못한다

북쪽의 찬바람을 이겨내며
땅속에서는
따뜻한 계절이 잉태 중이다

공중진화대원

헬기의 날개가
산을 맴돈다
붉은 능선을 넘어
붉은 혀를 길게 내민다

줄에 몸을 맡긴 채
하늘에서
불의 심장으로 내려간다

산세는 험하고
절벽 끝에 버틴다
밧줄 하나에 걸린 목숨

아래는 불
위는 허공뿐
연기는 시야를 삼킨다

겨울 산의 침묵
헬기에서 쏟아진 물
온몸에 차갑게 부서진다

<
불나방 기질인가
불이 두려우면서도
다시 연기 속으로 들어간다
숨을 참고, 눈을 감는다

산수유꽃은
피기도 전에
그을렸다

원 룸

색 바랜 장미가 꽂힌
빨간 꽃병
먼지 앉은 아내 사진
구석진 자리에 어깨를 눕힌다

벽 속에 갇힌 라디오
트로트 한 곡이
담벼락 하나 넘지 못한 채
허공에서 아우성이다

휴대폰 벨이 울린다
방안의 정적이 찢어지며
귓속으로 파고드는 한마디

주무관님
산불 났습니다!

제4부

동백나무 상륙작전

사월의 마른 숨결은
동백잎을 하얗게 태우고
생명의 빛 스러져간다

차독나방 잎벌 떼 지어
해안에서 아스팔트 기어오른다
수십만 검은 물결
숲과 계곡으로 이어지는
낯선 상륙작전

자가용과 트럭이
그 흐름을 짓이기고
검붉은 흔적은
도로 위에 말라붙어
처절한 화석으로 새겨진다

구름도 바람도 없는 하늘 아래
침묵만이 모든 것을 삼킨
소름 돋는 고요가
세상의 비명마저 집어삼킨다

불새의 탄생

겨울 숲은
거친 바람에 휘청이고
낙엽은 춤추듯 흩날려
고요함은 흔적 없이 사라진다

솔잎 움켜쥔 소나무
여린 숨결 하나
불씨 되어
바람을 타고 산을 휘감는다

전율하는 솔방울
불꽃에 휘감기고
불새의 첫 울음 터질 때
숲은 거대한 불길로 타오른다

검은 연기는
돌부처의 미소마저 지우고
모든 생명을 질식시킨다

잿더미 위에
불새 한 마리

타오르는 숲을 찢고
붕새의 날개로 솟아오른다

엄나무

붉고 뾰족한 가시 품고 태어나
그 틈 사이로 푸른 잎을 틔웠네

사악한 기운 막는다며
외양간이나 문기둥에 매달려
사람들의 소망을 지켜주던 나무

맛있는 고기를 위해 잎 내어주고
줄기마저 베어줄 땐
가시에 베인 고통도 건네주었지

세월이 흘러
어른이 되어보니
그 많던 가시 몸에서 떨어지고
남은 건 상처의 흔적뿐
부드러운 나무로
다시 태어나고 있었다

금송

완벽한 원뿔 모양
아름다운 자태로
명품 소나무가 되었다

나른한 봄날
담뱃불 장난으로
불길이 푸른 숨결을 휘감았다

번지르르한 송진은
순식간에 불꽃 되어
맹렬히 타올라
짙은 그을음을 남겼다

가지 위로 빗물이 흘러도
검게 물든 상처는
끝끝내 씻어내지 못하는구나

폭설에 쓰러진 소나무

눈이 오지 않던
자굴산 골짜기에
예고 없는 폭설이 쏟아졌다

소나무는 울부짖으며 쓰러지고
익숙하지 않은 무게에
멍든 가지들이 뚝뚝 부러졌다

남은 뿌리는
진흙 속에서 비틀리며
아프게, 숨을 몰아쉰다
인내심도
땅바닥에 주저앉았다

꺾이지 않던 옹고집
말없이 세상을 마주하던 뒷모습
아버지의 마지막이
툭— 부러졌다

그해 겨울, 땅이 먼저 죽었다

겨울
어린나무가 죽었다

죽은 나무를 부검했다
가지, 눈, 뿌리를
현미경으로 살폈지만
왜 죽었는지 알 수 없었다

땅을 만져보았다
물길은 얼어붙었고
숨길은 닫혀 있었다

어린나무는 죽은 것이 아니다
땅이 먼저
동사凍死했다

엄마는 비상벨

산불이 번지듯
전화벨이 울리면
마음은 불길처럼 전해진다
엄마한테 비상벨을 누른다
아이를 포대기에 싸서 일어선다

문밖으로 나서려는데
"이년아, 아 데리고 갈 끼가,
엄마가 볼 테니 손녀 이리 주라"
"괜찮아, 사무실에 가면 된다"
"뭐가 괜찮은데?
마음에 없는 소리 하지 마라"

산불을 끄고 내려와서
새까맣게 그을린 가슴으로
아이에게로 향한다
짜장면을 먹었는지
입술은 새까맣고
눈망울은 초롱초롱하다

"와~ 니가 욕을 먹어?

불을 지른 것도 아닌데,
똑바로 해라 캐라"

입산통제구역

산은
잠시 닫혔다

산림보호법에 따라
들어갈 수 없고
산불감시원이
작은 불씨 하나까지 확인한다

그러나 한밤중
멧돼지는
거침없이 헤매고

새벽녘이면
약초꾼 발자국이
슬며시 스며든다

한낮에는
고라니가
능선을 누빈다

산길은

여전히
열려 있다

소나무가 사라지고 있다

작대기 잃은 지게처럼
허물어져 내린다

그늘진 땅의 소나무들은
하나 둘
붉게 시들어간다

추억의 나무는
자취를 감추고
참나무 숲이
새롭게 태어난다

극상림
그 시작엔 소나무가 있었다
이제 그 자리에
졸참 갈참 상수리 뿐

재선충에 물든
붉은 마루타처럼
소나무는 지구에서 사라지고 있다

못생긴 나무가 산을 지킨다

비 내린 능선
숲은 물을 머금고
조용히 숨을 쉰다

바람이 스치는 곳
소나무와 참나무가 뒤엉켜 자랐다

붉은 소나무는
황장봉산 품에서
왕의 순장으로 베어지고

이끼 낀 그늘 아래
뒤틀린 나무들만이 남았다
바람에 흔들리며
서로에게 몸을 기대어 버텼다

팽나무는 깊은 주름 안고도
꺾이지 않은 채 서 있었다
휘어진 가지를 내밀어
소나무가 떠난 자리를 메웠다

잠든 코알라

호주의 숲속
귀여운 얼굴의 코알라가 산다
유칼립투스 나무 아래
푸른 잎을 씹으며
하루 종일 잠을 잔다

산불이 덮쳐도
잿빛 바람 속에 누워 있네
고함을 질러도
나무를 흔들어도
움직이지 않는다

업고 나와야 하는 생이다

그을린 몸
숲에 미라처럼 누워 있다

불길 속, 검게 탄 울음이
미아처럼 숲을 맴돈다

그리고 지금

산불로 화상을 입은 코알라를 향해
자비와 동정의 이름으로
헬리콥터에서 총을 쏘고 있다

산불방지 기원문

산과 바다를 굽어보시며
살아 숨 쉬는 모든 생명과
숲을 보살펴 주시는 산신령께 고합니다

매년 산불방지 기간을 정하여
가을부터 이듬해 봄까지
단 한 건의 산불도 없이
산과 마을을 온전히 지키고자
정성과 노력을 다하고 있사옵니다

동쪽 가지산에서 불모산
서쪽 지리산에서 금오산
남쪽으로는 금산에서 여항산
북쪽으로는 가야산에서 왕두봉에 이르기까지
이 땅의 높고 낮은 모든 산들이
불길 없이 평안하도록
굽어살펴 주시옵소서

숲의 나무 한 그루
들꽃 하나, 꽃잎 한 장까지도
불에 그슬리지 않게 하시고

이 땅 사람들의 귀한 생명과 재산 또한
산불로부터 굳건히 지켜 주시옵소서

지난봄, 큰 산불로
귀중한 목숨과 재산이
속절없이 사라졌습니다
그 아픔이 되풀이되지 않도록
간절히 비옵나이다

숲속에서 불씨 하나
논 밭두렁 태우는 불꽃 하나도
큰 산불로 번지지 않도록
두루 살펴주시기를
간절한 마음으로 기원합니다

| 시집 해설 |

불의 시학과 생명의 윤리
– 『우주의 한 마을이 불타고 있다』를 읽고

임창연(시인·문학평론가)

들어가며 – 윤은한 시인과 게리 스나이더와의 생태적 공명

 윤은한의 시를 더 깊이 있게 읽기 위해 미국의 시인 게리 스나이더(Gary Snyder, 1930~)와의 비교는 매우 유의미하다. 스나이더는 자연과 불, 불교 사상과 생태적 삶을 결합한 시적 실천으로 20세기 미국 생태시의 대표자로 자리 잡은 인물이다. 그의 대표작 『거북이섬(Turtle Island)』은 1975년 퓰리처상을 수상했으며, 그 속에는 인간이 자연과 어떤 관계를 맺어야 하는지를 보여주는 예언자적 시선이 담겨 있다. 윤은한 역시 그러하다. 그는 재난의 현장을 묘사하면서도 단순히 참상을 고발하는 데 그치지 않고, 생명에 대한 윤리적 물음을 시의 형식으로 끌어들인다.
 스나이더의 시에는 불이 종종 등장한다. 하지만 그것은 파괴만을 상징하지 않는다. 『The Practice of the Wild』에서 그는 불을 "정화의 에너지이며, 죽음과 재생의 윤리"라고 보았다. 윤은한 또한 산불을 재난으로 보되, 그 속에서 다시 자라나는 고사리 새순을 응시한다. 두 시인 모두 자연은 회복력을 가진 존재임을 믿으며, 인간은 그 순환을 지켜보며 겸손해야 함을 설파한다.

이러한 공통의 인식은 두 시인의 시학을 생태윤리의 공명선으로 연결시킨다.

스나이더는 한때 요세미티에서 산불감시원으로 일하며 자연을 온몸으로 겪었고, 그 체험은 그의 시에 깊이 각인되어 있다. 윤은한의 경우, 시집에 수록된 시 「산불감시원의 하루」나 「산불진화대원 안전수칙」 등을 통해 우리가 보통 지나치는 현장의 노동과 긴장, 침묵을 시로 기록해낸다. 두 시인의 차이는 문화와 배경에 있지만, 자연 앞에서 인간이 어떤 태도를 가져야 하는가에 대한 질문은 동일하다. 자연은 배경이 아닌 주체이며, 인간은 그 일부라는 사유가 공명한다.

또한 스나이더는 선불교와 도가사상을 흡수한 시인이다. 그의 시는 종종 무위자연無爲自然의 원리에 기대어, 인간 중심적 사고에서 탈각한 언어를 구사한다. 윤은한의 시도 또한 유사한 사유를 드러낸다. 숲의 침묵과, 불에 타버린 나무의 고요함, 다시 돋아나는 새순 앞에서 시인은 어떠한 언어적 허세도 걷어낸다. 그의 시적 언어는 비움과 기다림의 윤리를 내포한다는 점에서 스나이더와 궤를 같이한다.

마지막으로, 두 시인의 시는 기록을 넘어선 예언의 언어라는 점에서도 닮아 있다. 스나이더는 『Turtle Island』에서 "다음 세대가 살아갈 땅은 우리가 어떻게 오늘을 기억하느냐에 달려 있다"고 썼고, 윤은한은 시인의 말에서 "나는 지금 무엇을 할 수 있을까요?"라고 묻는다. 이 질문은 단지 자기반성이 아니라, 공동체 전체를 향한 윤리적 제안이자 선언이다.

이처럼 게리 스나이더와 윤은한은 각기 다른 시간과 공간을 살아가지만, 그들의 시는 동일한 철학적 줄기를 공유한다. 그것은 '불'을 중심으로 한 생태 시학이자, 문학이 지닌 가장 근원적인 책임 — 즉, 존재를 응시하고 지키려는 마음 — 이다.

1. 불길을 마주한 언어의 기원

윤은한의 시집 『우주의 한 마을이 불타고 있다』는 오늘날의 한국 시문학에서 보기 드물게 재난과 생태의 현실을 정면으로 응시하는 시적 기록물이다. 제목부터가 단순히 산불의 비극을 전달하는 데 그치지 않고, 우주의 차원으로 확장된 시적 상상력 속에서 인간과 생명, 문명과 자연이 어떻게 소멸하고, 또다시 되살아나는지를 묻는다. '우주의 한 마을'이라는 표현은 지역성과 보편성을 동시에 담아내며, '불타고 있다'는 문장은 현재형으로 지속 중인 위기를 암시한다. 이 시집은 단순한 회고의 시가 아닌, 여전히 불씨가 살아 있는 현재의 시학이며, 타오르는 현실 앞에서 문학이 무엇을 할 수 있는지를 묻는 시인의 윤리적 응답이다.

시집은 총 4부로 구성되어 있으며, 1부에서는 산불이라는 재난의 직접적 경험과 참상을 시적 언어로 풀어낸다. 2부는 숲을 복원하고 지키는 사람들에 대한 존경과 생명의 회복에 대한 염원을 담는다. 3부는 불과 인간의 관계를 신화적, 역사적, 사회적으로 확장하고 있으며, 마지막 4부에서는 산불 이후 인간과 생명이 남긴 흔적과 그 너머의 상상으로 나아간다. 각 부는 긴밀한 연결 속에 하나의 거대한 시적 서사를 이룬다.

윤은한의 시는 불을 단지 파괴의 상징으로만 보지 않는다. 그는 불의 이중성을 인식하며, 그 속에서 새로운 가능성과 윤리를 함께 끌어안는다. 그래서 이 시집은 단순히 불을 기록하는 시집이 아니라, 불과 함께 살아가는 인간의 숙명, 혹은 그 운명에 어떻게 맞설 것인지에 대한 내적 사유를 품은 시집이라 할 수 있다. 그의 언어는 고발이 아니라 경청이며, 분노가 아니라 침묵 속에서 피어오르는 기도에 가깝다. 그러므로 이 시집은 불탄 숲을 보며 고개를 돌리는 대신, 그 잿더미를 걷고 살아남은 존재들의 숨결을 붙잡으려는 언어의 의무에 충실하다.

2. 재난의 언어, 시의 윤리

그날의 산불은 괴물이었다
돌풍이 미쳐 날뛰던 시간
살다 살다 그런 불은 처음이었다

바람이 너무 세어
불이 하늘을 타고 날았다
모든 것이 폭삭, 재가 되고
속절없이 무너졌다

매캐한 연기가 마을을 덮고
골바람을 타고 불길이 솟구쳤다
휘발유에 불붙듯
맹렬하게 번져갔다

돌풍이 몰아치자
우리는 산불 속에 갇혔다
머리통만 한 불덩어리가 날아다녔다

바람이 스친 자리엔
아무것도 남지 않았다

불은 대나무 숲으로
마을 깊숙이 옮겨붙었다
캄캄한 어둠 속
살기 위해 뛰었다

숟가락 하나도 챙기지 못했다
남은 건 오로지 참담함

산불은 괴물이었다
– 「우주의 한 마을이 불타고 있다」 전문

『우주의 한 마을이 불타고 있다』에서 가장 인상적인 점은 시인이 산불을 목격하는 자리에만 머무르지 않고, 그것을 언어의 자리로 옮겨와 '기록'하고 있다는 점이다. 그의 시는 목격자의 정직함을 담고 있으며, 그것은 단순한 사실의 나열이 아닌 체험을 통해 얻은 실감에서 비롯된다. 시편 「우주의 한 마을이 불타고 있다」는 대표적으로 이러한 시인의 시적 태도를 드러내는데, 이 시에서 산불은 단지 자연의 재해가 아니라, '괴물'로 형상화되어 인간과 공동체, 생명의 질서를 공격하는 존재로 묘사된다. "산불은 괴물이었다"는 반복 구절은 시인의 체험이 얼마나 깊은 상흔으로 남아 있는지를 보여주는 동시에, 독자로 하여금 그 고통의 크기를 직면하게 만든다.

어린아이가
질문을 한다
"선생님
산불은 누가 꺼요?"

선생님이 말씀하신다
소방관이
소방차가
공무원과 군인들이
헬리콥터가 끈다고

하지만
산불 속으로
걸어 들어간
산불진화대원은

타오르는 불길 속에
이름도
숨소리도
묻혀버렸다
― 「산불을 끄는 사람은 누구인가요?」 전문

또한 「산불을 끄는 사람은 누구인가요?」라는 시에서는 어린아이의 순진한 질문을 통해, 재난의 이면에 숨겨진 노동과 희생, 이름 없는 존재들의 윤리를 환기시킨다. 소방관, 공무원, 군인 등은 보도자료에 오르지만, 산불진화대원의 얼굴 없는 사투는 말 그대로 "숨소리도 묻혀버"린다. 이 시는 시인이 단지 시적 언어를 구사하는 자가 아니라, 기록자의 책임을 지고 있음을 보여주는 중요한 시편이다.

  재난의 언어는 다루기 어렵다. 그것은 언제나 감정과 윤리, 책임과 사실 사이에서 줄타기를 해야 하기 때문이다. 윤은한은 그 경계를 섬세하게 통과한다. 그는 고통의 과잉에 빠지지 않으며, 그렇다고 감정을 지워내지도 않는다. 그 대신 그는 침묵을 말로 옮기고, 부재를 존재로 끌어올리는 방식으로 시를 구성한다. 이 점에서 그의 시는 오히려 유가족의 증언처럼 읽힌다. 남겨진 자가 할 수 있는 유일한 언어, 바로 '기억'의 시학이다.

3. 불의 계보학: 신화와 인간 사이

  3부에 이르면 윤은한은 불에 대한 시적 사유를 신화의 차원으로 확장한다.

> 제우스 신은
> 하늘 깊숙이 불을 숨겨두었다
> 신만이 다룰 수 있고
> 인간은 만질 수 없는 빛이었다
>
> 프로메테우스는
> 신을 닮은 인간을 보았다
> 만물의 영장이 될 수 있는
> 위대한 선물을 주고 싶었다
>
> 여신 아테나의 도움을 받아
> 태양의 수레 올라
> 붉은 불씨 하나를 훔쳐

인간에게 건네주었다

　　삶을 바꾸는 시작이었다
　　도구를 만들고 땅을 갈아
　　문명을 일구었으니
　　동물보다 월등한 존재가 되었다

　　제우스 신은 염려했다
　　불은 따뜻하지만
　　그만큼 위험하다는 것을

　　인간이 불을 사용하면서
　　불치병이 피어올랐다

　　그것은 "교만이었다"
　　-「프로메테우스와 불」 전문

「프로메테우스와 불」은 그 대표적 사례로, 이 시는 인간에게 문명의 기원을 제공한 불이 동시에 인간의 파멸을 이끌 수 있다는 양가성에 주목한다. 시인은 제우스의 입장이 아닌, 프로메테우스의 시선에 서서, 인간이 불을 다룰 자격이 있는가를 묻는다. 이 시가 주는 핵심 메시지는 '교만'이다. 문명은 불을 통해 진보했지만, 그 불을 어떻게 다루는지에 따라 문명은 타락할 수도 있다는 경고의 메시지가 이 시에 내포되어 있다.

　불은 이 시집 전반에서 문명의 계보를 형성하는 기호다.

굴뚝 아래
장작더미를 쌓아두는 일
산불은 불씨보다
사람의 무심함에서 시작된다
―「곡돌사신曲突徙薪」 부분

여름이 저물 무렵
불을 피운 해수욕장 소나무들이
갈색으로 시들며 하나둘 쓰러졌다
―「모닥불의 유혹」 부분

그러나 불길 앞에서
그 의연함은
천덕꾸러기가 되었고
재앙의 불쏘시개가 되었다
―「소나무의 임종」 부분

「곡돌사신」, 「모닥불의 유혹」, 「소나무의 임종」 등은 불이 인간의 무지와 오만, 무심함 속에서 어떻게 재앙으로 전이되는지를 보여준다. "산불은 불씨보다/ 사람의 무심함에서 시작된다"는 문장은 그 자체로 윤리 선언이다. 우리는 흔히 자연의 문제로 재난을 돌리지만, 시인은 그 근원을 인간의 삶 속, 일상의 사소한 선택들 속에서 찾아낸다. 이와 같은 시적 시선은 생태적 감수성과 더불어 문명 비판의 날카로운 통찰을 드러낸다.

4. 숲과 인간: 회복의 언어

2부와 4부에서는 산불 이후의 삶, 회복과 복원의 문제에 대해 집중한다. 이 부에서 가장 뚜렷한 정조는 '기억'과 '돌봄'이다.

> 나무 한 그루 없던 산
> 비 오면 흙이 쓸려 내려가던 곳
> 소나무, 전나무, 잣나무, 편백
> 어린 묘목들 지게에 얹고
> 굽이굽이 오솔길, 비탈길을 오르셨네
>
> 손이 부르트도록 흙을 고르고
> 날마다 물지게로
> 한 그루, 한 그루 정성껏 물을 주셨다
>
> 젓가락으로 송충이 잡아 흙 깊이 묻고
> 어린나무 칡넝쿨이 덮을 땐
> 낫으로 거칠게 걷어내며 지켜냈다
>
> 무거운 비료 포대 어깨에 메고
> 숨이 턱에 차오르도록 산을 오르던 아버지
> 깊은 정성의 세월이 흐르고 흘러
> 이제 푸른 숲, 아버지의 숨결이 되었다
> – 「아버지는 민둥산에 나무를 심었다」 전문

「아버지는 민둥산에 나무를 심었다」는 시는 생태적 복원이라는 거대한 테마를 아주 개인적인 이야기로 끌어온다. 굽이굽이 산길을 오르며 물을 주고, 풀을 걷어내며 나무를 지켜온 아버지의 모습은 단순히 '조경'의 차원을 넘어선 생명의 윤리, 자연에 대한 헌신을 상징한다. 그리하여 시인은 말한다. "푸른 숲, 아버지의 숨결이 되었다."

> 이끼 낀 그늘 아래
> 뒤틀린 나무들만이 남았다
> 바람에 흔들리며
> 서로에게 몸을 기대어 버텼다
>
> 팽나무는 깊은 주름 안고도
> 꺾이지 않은 채 서 있었다
> 휘어진 가지를 내밀어
> 소나무가 떠난 자리를 메웠다
> ―「못생긴 나무가 산을 지킨다」 부분

또한 「바람에 흔들리는 나무」, 「못생긴 나무가 산을 지킨다」 등은 생태적 다양성과 생명의 불완전함을 존중하는 시인의 태도를 드러낸다. 숲은 완벽한 아름다움 속에 존재하는 것이 아니라, 굽고 휘어진 것들, 상처 입고 부러진 것들의 어울림 속에서 유지된다는 생태철학적 통찰이 이 시들에 깃들어 있다. 이는 윤은한 시의 중요한 특징 중 하나다. 그는 '강한 것'이 아니라 '버티는 것'에 대한 존경을 보여주며, 그것이야말로 생존과 회복의 조건임을 시로 증명한다.

5. 불의 기억과 생명의 의례

불은 기억의 형태로도 존재한다. 시인은 잿더미와 재 속에 남겨진 흔적들을 수습하고, 그것을 '의례'로 회복한다.

> 갑작스레 번진 불길은
> 조상의 묘를 새까맣게 태웠다
> 반질거리던 비석마저
> 검게 그을려, 얼굴을 알 수 없었다
>
> 조상을 뵐 면목 없어
> 고개를 들 수가 없다
> 납덩이같은 마음이
> 가슴을 짓눌렀고
> 쓸쓸함만 가득 채웠다
>
> 볏짚을 작두에 썰며
> 묘 앞에 몸을 낮추었다
> 타버린 흙 위에 볏짚을 뿌리고
> 맑은 술 한잔 올린 뒤
> 두 번의 절을 올렸다
>
> 잔디를 살리기 위해
> 묘지 위에 새 흙을 덮는다
> ― 「묘소 앞에서」 전문

「묘소 앞에서」에서처럼, 조상 묘소까지 태워버린 산불 앞에서 시인은 "납덩이 같은 마음이/ 가슴을 짓눌렀고"라고 쓴다. 이 마음은 단지 가족의 기억을 넘어선, 공동체 전체의 윤리적 고백처럼 들린다. 불은 과거를 지우지만, 시인은 그 지워진 자리에 새로운 의례를 세운다. 볏짚을 뿌리고, 술 한잔을 올리고, 절을 하는 행위는 말하자면 인간이 재와 무너짐을 넘어서 다시 공동체로 회귀하려는 시적 의지이다.

차가운 바람 스치는 봄날
서석대 높이 올라
김덕령 장군을 불러봅니다

임진왜란 고통스러운 시절
고향의 그리움은 접어두고
분노는 산을 태웠지요

"춘산春山에 불이 나니 못다 핀 꽃 다 붙는다
저 산 저 불은 끌 물이나 있거니와
이 몸에 연기 없는 불은 끌 물 없어 하노라"

억울함이 밀려와도
검게 타버린 숲속에서
참나무는 여전히 숨을 쉬고
진달래 꽃눈은 봄을 기다립니다

장군님
무등산은 꿋꿋하게 잘 살고 있으니
아까시꽃이 피면
목말을 타듯 슬쩍 내려오세요

충장로에서 막걸리 한잔 기울이며

뜨거운 눈물 한번 흘러봅시다
　- 「무등산이 의병장에게 보내는 편지」 전문

　같은 맥락에서 「무등산이 의병장에게 보내는 편지」는 불이 민족의 분노와 기억을 함께 담는 장치로 사용된 예다. "춘산春山에 불이 나니 못다 핀 꽃 다 붙는다"는 시조를 인용하며 시인은 임진왜란과 의병의 기억을 산불이라는 상징 속에서 되살린다. 여기서 불은 단지 파괴의 요소가 아니라, 기억을 불러오는 불씨, 역사를 호명하는 신호탄이다. 그러므로 윤은한의 시에서 불은 양면적이다. 하나는 생명을 위협하는 불이지만, 다른 하나는 잊힌 것을 불러내는 불이다. 이 양면성은 시인의 시를 더욱 입체적이고 철학적인 구조로 만든다.

6. 시적 전략과 형식의 조율

　윤은한의 시는 간결하다. 대부분의 시는 20행 내외의 짧은 형식을 유지하지만, 그 안에 내포된 이미지와 정서의 진폭은 매우 크다. 그는 장황한 수사를 피하며, 직접적이되 감정의 선을 넘지 않는다. 이 시집은 마치 다큐멘터리의 내레이션처럼 독자에게 조용히 말을 건네며, 함께 호흡하고자 한다. 특히 각 부의 첫머리에 배치된 시들은 주제를 강하게 환기하면서 전체 시집의 흐름을 이끄는 원심력으로 작용한다.

　한편으로 윤은한은 각 시에 지리적 혹은 문학적 배경을 짧게 병기하여 사실성을 더하고 있다. 이는 시집의 다큐적 성격을 강화하는 장치로, 독자가 시를 통해 한국의 자연환경, 생태 문제, 산불 방지와 복원 현장을 보다 명확히 인식하게 돕는다.

아침
도시락을 싸 들고
잠연히 산으로 오른다

옷과 모자는 단정히
신문이나 스마트폰은 멀리
술과 담배를 금한다

자리를 비울 수 없고
산불을 발견하면
지체 없이 보고한다

무전기로
초소별 호출이 시작된다
―「산불 감시 초소」 부분

방심하지 말고
침착 차분하게 판단하여 행동하라
무선통신을 확인하라
명확한 지시를 내려라
항상 인원통제를 유지하라
불을 진화할 때에는
적극적으로 진화하되
안전을 최우선으로 한다

산불을 끄면서
이 모든 수칙을 지키는 일조차
버겁다
―「산불진화대원 안전수칙」 부분

「산불 감시 초소」나 「산불진화대원 안전수칙」처럼 서사보다는 기록에 가까운 시도 포함되어 있는데, 이는 시와 보고서, 기록과 문학의 경계를 넘나드는 실험적 형식이라 할 수 있다.

7. 맺으며 – 불은 끝이 아니라 시작이다

『우주의 한 마을이 불타고 있다』는 불의 기록이자 생명의 윤리학이다. 이 시집은 불을 통해 상처를 말하고, 재를 통해 생명을 다시 쓰며, 침묵을 통해 말을 건다. 우리는 이 시집을 통해 한 시인이 불길 속에서 문학의 윤리를 지켜낸 방식을 본다. 시인은 질문한다. "지금, 나는 무엇을 할 수 있을까요?" 이 물음은 독자의 자리에서도 여전히 유효하다. 이 물음은 단지 시인이 아니라, 우리 모두의 것이기 때문이다.

윤은한의 시는 고요하다. 그러나 그 고요는 결코 무력한 침묵이 아니다. 그것은 산불 이후의 침묵처럼 무겁고도 깊다. 언어는 타버렸지만, 시는 남는다. 잿더미 속에서도 초록은 다시 피어난다. 그 초록의 언어가 우리 마음에 뿌리내리기를, 그 불씨가 경각심으로 살아 있기를, 우리는 오늘 이 시집 앞에서 조용히 다짐해 본다.

윤은한 | 2016년 《리토피아》로 시 등단. 경상남도문인협회 회원, 경남문심회 회장 역임. 시집 『야생의 시간을 사냥하다』 『우주의 한 마을이 불타고 있다』. 산림녹지공무원으로 34년 근무. 산불 강사로 활동 중.

창연시선 032

우주의 한 마을이 불타고 있다

2025년 7월 15일 초판 1쇄 발행

지 은 이 | 윤은한
펴 낸 이 | 임창연
편　　집 | 이소정 임혜신
펴 낸 곳 | 창연출판사
주　　소 | 경남 창원시 의창구 읍성로 36, 2층
출판등록 | 2013년 11월 26일 제2013-000029호
전　　화 | (055) 296-2030
팩　　스 | (055) 246-2030
E-mail | 7calltaxi@hanmail.net

값 15,000원
ISBN 979-11-91751-94-9　03810

ⓒ 윤은한, 2025

* 이 책은 ❀경상남도, ❀경남문화예술진흥원의 문화예술 지원을 보조받아 발간되었습니다.
* 이 책의 판권은 저자와 창연출판사에 있습니다.
* 양측의 서면 동의 없이 무단 전재나 복제를 금합니다.